HET LEIDING GEVEN

WIE EEN ANDER WIL LEIDEN MOET EERST ZIJN EIGEN MEESTER WORDEN

TWEE BEREN IN EEN HOL
DAT KAN NOOIT GOED GAAN

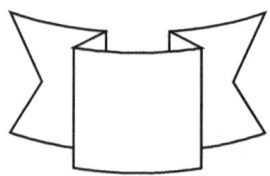

JAMMER DAT MENSEN
DIRECT OPHOUDEN MET ROEIEN
WANNEER ZE AAN DE TOP STAAN

HET IS MOEIZAMER
MENSEN TE LEIDEN DOOR
OVERREDING DAN MET DE KNOET

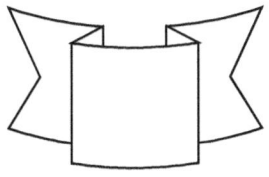

ALS JE DE JUISTE MENSEN UITKIEST
EN JE GEEFT ZE DE MOGELIJKHEID
HUN VLEUGELS UIT TE SLAAN,
DAN HOEF JE ZE NAUWELIJKS TE
MANAGEN

LEIDINGGEVEN DOE JE VOORAL
VANUIT JE ZELF,
VANUIT JE KARAKTER
EN VANUIT JE PERSOONLIJKHEID

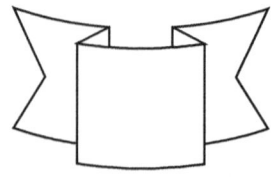

BEGIN MET GOEDE EN DE JUISTE
MENSEN, STEL DE REGELS VAST,
COMMUNICEER MET JE PERSONEEL,
MOTIVEER EN BELOON HEN.
ASL JE AL DIE DINGEN DOET KAN
HET HAAST NIET FOUT GAAN

INHOUDSOPGAVE:

Omschrijving hoofdstukken en paginanummer

- 7 - Inleiding
- 8 - De leidinggevende
- 10 - Wat de leidinggevenden dienen te bezitten
- 17 - De leidinggevende / manager (A)
- 19 - De leidinggevende / manager (B)
- 21 - De leidinggevende en beleid
- 23 - De leidinggevende en macht
- 26 - De leidinggevende en werkvolgorde en werkindeling
- 27 - De leidinggevende en de gesprekspartner
- 28 - De leidinggevende en klachtenbehandeling
- 35 - De leidinggevende en het uiten van kritiek
- 38 - De leidinggevende en het kleineren
- 39 - De leidinggevende en het waarderen
- 42 - De leidinggevende en het luisteren
- 44 - De leidinggevende en het aannemen van personeel
- 46 - De leidinggevende en de techniek van verkopen
- 54 - De leidinggevende en het plannen en coördineren
- 57 - Slotwoord

SLECHTE HERDERS ZIJN DE ONDERGANG VAN DE KUDDE

In de horeca en andere dienstverlenende bedrijven werken mannen en vrouwen. Niet overal in dit boek zal dit naar voren komen De lezer wordt verzocht om overal waar dit van toepassing kan zijn zal dat in het boek voor man ook vrouw, voor gast ook gaste, voor hij ook zij, voor hem ook haar, voor vakman ook vakvrouw en voor gastheer ook gastvrouw te lezen

LEIDING GEVEN

Inleiding

Leiding geven aan velen of aan weinigen is in wezen hetzelfde; het is gewoon een kwestie van indelen, delegeren, van tekens geven, van signalen instellen en van overzichtelijk en begrijpend handelen.

Om ervan verzekerd te zijn dat je bedrijf, school, instelling of instituut de concurrentie kan weerstaan, dan dien je bij het leiding geven je te bedienen van de zogenaamde **'directe'** en **'indirecte'** handelingen.

In een goede concurrentiestrijd gebruik je de **'directe'**-methode om onmiddellijk te handelen, maar je hebt de **'indirecte'**-methode nodig om je te verzekeren van winst. De **'indirecte'**-methode doeltreffend toegepast, is even onuitputtelijk als hemel en aarde.

De **''directe'**- en **'indirecte'**-methode kunnen een oneindig veel combinaties opleveren die vaak niet te overzien zijn. Zij geven de stoot tot elkaar. Hun wisselwerking is even eindeloos als die van twee in elkaar grijpende ringen; er komt **nóóit** een einde aan. De mogelijkheden tot leiding geven zijn daarom onuitputtelijk, zoals onderstaande voorbeelden laten zien:

\# Er bestaan niet meer dan vijf muzieknoten - do, re, mi, fa, sol en brengen de combinaties van de vijf zoveel melodieën voort dat men ze niet allemaal kan beluisteren;

\# Er bestaan niet meer dan vijf primaire kleuren - rood, geel, blauw, paars, groen - en toch zijn er zoveel combinaties dat men zich er geen voorstelling van kan maken;

\# Er bestaan niet meer dan vijf hoofd smaken - zuur, scherp, zout, zoet, bitter - en toch zijn er zoveel combinaties dat men ze niet allemaal kan proeven.

LEIDING GEVEN

De leidinggevende

Leidinggevenden dienen bekwame mensen te zijn, mensen van waarheid en ze dienen corruptie te weerstaan en winstbejag te haten. Ieder bedrijf, school, instelling of instituut, die zo'n leidinggevende heeft, zal verstandig geleid kunnen worden.
Eén van de voornaamste punten in het leiding geven is eerlijkheid. Leugen, bedrog en regelrechte oneerlijkheid dient duidelijk afgewezen te worden.

Bedenk dat een ware leidinggevende of manager er is om zijn ondergeschikten te '**dienen**' en bij te staan en niet om op een aanmatigende of hooghartige manier over hen te heersen, zoals vele leidinggevenden maar al te vaak doen. Iedereen haat verwaandheid - althans bij anderen.

Een goed leidinggevende herkent men aan zijn loyaliteit en van toegewijd zijn. Hij dient waakzaam te zijn en hard te werken, kortom zij of hij dient ijverig te zijn.

Een ander belangrijk kenmerk is dat men altijd wijze raad leert zoeken. Niemand weet alles. Om wijze besluiten te nemen dienen leidinggevenden deugdelijke en veelzijdige raad leren in te winnen, want wie naar raad luistert is een wijs leider.

Plannen mislukken vaak bij gebrek aan overleg, maar door het winnen van raad komt iets tot stand, met andere woorden: plannen komen tot stand door beraad.

Voer dus als leidinggevende de strijd met overleg en een werkelijk leidinggevend functionaris zal kunnen leiden door op juiste wijze te denken en te handelen.

Dit betekent leren liefhebben in plaats van haat; nederigheid in plaats van trots en ijdelheid; geloof en hoop in plaats van twijfel en wanhoop.

Een verlangen om te dienen in plaats van altijd maar gediend te worden; eerlijkheid en waarachtigheid in plaats van bedrog ; onpartijdigheid in plaats van aanzien des persoons ; ijver in plaats van traagheid. Dit zijn in grote lijnen het fundament van werkelijk leiding geven.

Leidinggevenden met de werkelijke antwoorden en oplossingen voor de grote vragen en problemen kunnen alleen tot ontwikkeling komen wanneer hun karaktertrekken en persoonlijkheden worden geleerd.

LEIDING GEVEN

Wat leidinggevenden dienen te bezitten

Wat aanleg, instelling en eigenschappen betreft, stelt het '**leiding geven**' onafwendbaar zijn eisen en zij die '**leiding**' geven of willen geven zullen dan aan de volgende eigenschappen, voorwaarden en eisen dienen te voldoen:

JUISTE KARAKTER EN PERSOONLIJKHEID

Leiding geven eist **karakter** en **persoonlijkheid**. Soms zijn er mensen die een goede bijdrage kunnen leveren, maar het juiste karakter en de juiste persoonlijkheid missen om leiding te kunnen geven.

Karakter

Het karakter geeft het authentieke en unieke innerlijk weer, waardoor men in denken, voelen, houding en gedrag zijn eigen bijzonderheden openbaart. Het karakter staat achter het doen en laten en bepaalt in laatste instantie ons handelen. Het karakter herbergt de sporen van onze aangeboren eigenschappen.

Persoonlijkheid

De persoonlijkheid openbaart de 'naar buiten gekeerde' kant van ons als mens. Het is jezelf een gedaante geven en jezelf in de vereiste vorm brengen, zodat beleving, opvoeding, ontplooiing, ontwikkeling en beschaving daarin gestalte kunnen krijgen. Invloeden van buitenaf hebben dan ook een grote invloed op de persoonlijkheid.

De persoonlijkheid is het visitekaartje van ons als mens en laat ons zien als gemeenschapswezen in de wereld van alledag.

PERSOONLIJKE INVLOED

Om beslagen ten ijs te komen, zal men 'zin voor orde, regelmaat en netheid' dienen te hebben, 'beleefdheid en goede manieren', 'oplettendheid en dienstvaardigheid'. Een ruime dosis goede smaak om uit de vele mogelijkheden juist datgene te adviseren, waardoor het geheel tot een gelukkige combinatie wordt, die vervolgens de goedkeuring kan weg dragen van de leiding en ondergeschikten. Van een leidinggevende mag men verwachten dat hij een ernstige opvatting heeft van zijn taken. De handel en wandel van een leidinggevende vormen dikwijls het onderwerp van gesprek en de kleinste kleinigheid kan daaraan afbreuk doen.

KENNIS, INZICHT en AANLEG

Dat voor een leidinggevende een juiste instelling noodzakelijk is zal voor eenieder duidelijk zijn. Je kunt alleen slagen wanneer je beschikt over de, voor je vak of beroep, noodzakelijk vaktechnische kennis. Wat de algemene en vaktechnische kennis betreft is het in de meeste gevallen een kwestie van scholing, door middel van een speciale beroepsopleiding, waarvoor na een kortere of langere tijd het vereiste niveau zal of kan worden bereikt. Met de persoonlijke eigenschappen staat het wel enigszins anders. Deels zullen die afhangen van een natuurlijke aanleg en de juiste opvoeding en mentaliteit. Alleen zij die in staat zijn dit op de juiste wijze aan te voelen, kunnen in het leiding geven hun weg vinden.

SOCIALE INTELLIGENTIE

Inzicht en kennis hebben van de maatschappelijke verhoudingen, stad, regio, land en wereld.

MOTIVATIE

Beweegredenen of beweeggronden waardoor men tot zekere beslissingen kan komen en waardoor men eigen gedrag en houding kan verantwoorden tegenover anderen en ondergeschikten.

UITERLIJK

Zij die leiding geven of willen geven dienen er uiterlijk be schaafd en verzorgd uit te zien. Door hun onberispelijke kleding maken zij een goede indruk en het zelfvertrouwen wordt er door versterkt. Zij bezitten een sterk gestel en een optimale gezondheid, die versterkt wordt door een goede en juiste hygiënische lichaamsverzorging.

HOUDING en OMGANG

Zij kenmerken zich door een juiste uiterlijke (lichamelijke) en innerlijke (geestelijke) houding en omgang. De uiterlijke houding en omgang, die hij aanneemt bij zitten, staan, lopen en werken, stempelt hem tot een actief iemand. De innerlijke houding en omgang, die hij aanneemt bij gebeurtenissen in het leven en werk, stempelt haar of hem tot een begrijpend en meevoelend iemand.

INNERLIJKE BESCHAVING

Het belangrijkste kenmerk van innerlijke beschaving is, dat hij voorkomt anderen en ondergeschikten te hinderen of te kwetsen en er voor te zorgen alles na te laten en te voorkomen wat voor anderen en ondergeschikten pijnlijk of storend zou kunnen zijn.
Innerlijke beschaving is doof en blind voor alle tekortkomingen van anderen. De leidinggevende zal nóóit luide uiting geven aan verbazing, ongenoegen of afkeer. Het is het 'teveel' op alle gebied, die de leidinggevende tot onbeschaafd bestempelt.
Innerlijke beschaving uit zich bij de leidinggevende in etiquette,

tact, zelfbeheersing, gedrag, spreken, mensenkennis, bescheidenheid en beperking.

ETIQUETTE

Leidinggevenden weten de beleefdheidsvormen in alle situaties toe te passen, waardoor de maatschappelijke omgang met anderen en ondergeschikten vergemakkelijkt wordt. Het brengt de algemene welwillendheid tot uitdrukking, alsmede het respect jegens de andere mens of persoon.

TACT

Leidinggevenden weten in omstandigheden wat past en betamelijk is. Het is de gave die hem in staat stelt anderen en ondergeschikten moeilijke of onaangename momenten te besparen. Tact weet te loven en te prijzen, te wachten en te zwijgen en denkt meer aan de gevoeligheden van de ander dan aan eigen opwellingen van het ogenblik.

ZELFBEHEERSING

Leidinggevenden zullen zich nooit laten verleiden in drift iets te zeggen en te doen, waarvan zij later spijt zouden hebben. Hij moeten in staat zijn, noch door woord en gebaar, geen blijk te geven van ongeduld, boosheid, verontwaardiging, bijval of afkeer.

GEDRAG

Het gedrag bestempelt een leidinggevende tot een beschaafd of onbeschaafd persoon. Hij gedraagt zich tegenover anderen en ondergeschikten dan ook hoffelijk, beheerst, onopvallend en voorkomend. Naast het uiterlijk gedrag is hun innerlijk gedrag ook correct en zij zullen op geen enkele wijze misbruik maken van de onwetendheid, onkunde en hulpeloosheid van anderen en ondergeschikten.

SPREKEN

Leidinggevenden besteden evenveel aandacht aan het spreken als aan de verzorging van hun kleding. Zij presenteren zich door beschaafd en op de juiste wijze te spreken door middel van woordkeuze en zinsopbouw. Zij weten dus niet alleen wat zij **willen** zeggen, maar ook hoe zij het **moeten** zeggen. Bij het spreken kijken zij de ander ook eerlijk en rustig aan en niet doordringend, schichtig of terloops.

MENSENKENNIS

Leidinggevenden dienen in staat te zijn om uit schijnbaar onbelangrijke details een beeld van anderen en ondergeschikten en hun karakter en persoonlijkheid op te bouwen en zij behoeven slechts door observeren precies te weten wie zij voor zich hebben en hoe die behandeld, aangesproken en aangepakt dienen te worden.

TOLERANTIE

Het is de eigenschap in zich hebben, die de leidinggevende in staat stelt anderen en ondergeschikten te accepteren zoals zij zijn en niet zoals de leidinggevende het zou willen hebben.

HYGIËNE

Hieronder verstaat men de zorg voor de gezondheid door het betrachten van zindelijkheid, rust en lichaamsoefening.
Géén onaangename lichaamsgeurtjes (transpiratie), géén slordige haardos, géén onsmakelijke onfrisse adem (= mondhygiëne), géén ongeschoren gelaat, niet door veelvuldig roken, geelbruin geworden vingers, géén nagels met rouwranden, géén vieze oren, goed schoeisel, regelmatig verschonen van ondergoed, sokken e.d.

LEIDING GEVEN

De leidinggevende / manager (A)

DE POSITIEVE OPTIMISTISCHE LEIDINGGEVENDE OF MANAGER

Deze leidinggevende of manager is te herkennen aan de volgende punten :

- # Treedt verfrissend op ;
- # Ziet altijd het goede en weet te waarderen ;
- # Kent zijn krachten en weet initiatief te nemen ;
- # Kent eigen mogelijkheden en kan nuchter (be)oordelen ;
- # Kan eigen fouten erkennen en weet ervan te leren ;
- # Stelt altijd bereikbare doelen ;
- # Kan een goede mening vormen en er ook voor uitkomen ;
- # Volgt een eigen verantwoorde weg en durft daar verantwoordelijkheid voor te nemen ;
- # Gunt anderen en ondergeschikten hun eigen mening, geeft vertrouwen daarin ;
- # Is in staat te leiden en te begeleiden ;
- # Kan aandacht vragen, maar ook schenken ;
- # Ziet ten alle tijden lichtpuntjes en weet deze ook te gebruiken en uit te buiten.

DE NEGATIEVE, PESSIMISTISCHE LEIDINGGEVENDE OF MANAGER

Deze leidinggevende of manager is te herkennen aan de volgende punten:

- # Gedraagt zich onvriendelijk ;
- # Nooit is het goed of het deugt niet ;
- # Kankert bij voortduring ;
- # Onderschat zichzelf en heeft altijd vooroordelen ;
- # Pronkt altijd over zichzelf en vindt dat anderen daarvan dienen te leren ;
- # Stelt zich onbereikbare doelen en vraagt zich te veel af ;
- # Praat altijd meningen van anderen na en doet alsof ze van hem zijn ;
- # Loopt met de massa mee en wijst bij verantwoordelijkheid altijd naar anderen ;
- # Manipuleert anderen en ondergeschikten waar mogelijk en handhaaft een verdeel en heerspolitiek ;
- # Controleert meestal overdreven en overheerst altijd ;
- # Vraagt en schenkt altijd aandacht via anderen ;
- # Ziet nooit iets positiefs en heeft altijd over alles en en iedereen iets aan te merken.

LEIDING GEVEN

De leidinggevende / manager (B)

HET POSITIEVE OPTIMISTISCHE LEIDINGGEVENSE OF MANAGER

Hij is (een) ……...
- …… doorsneemens ;
- …… positieve denker ;
- …… optimist ;
- …… actief ;
- …… creatief ;
- …… levenslustig ;
- …… geluksvogel ;
- …… succesvol ;
- …… gemotiveerd ;

Hij heeft gevoelens van ....
　　　...... vrolijkheid ;
　　　...... zelfvertrouwen ;
　　　...... genegenheid ;
　　　...... vreugde ;
　　　...... geestdrift ;
　　　...... plezier ;
　　　...... vertrouwen ;
　　　...... liefde ;
　　　...... hoop ;
　　　...... geloof ;

　　　Gevolg : **Hij is altijd een 'winner'**

HET NEGATIEVE PESSIMISTISCHE LEIDINGGEVENDE OF MANAGER

Hij is (een) ....
　　　...... doorsneemens ;
　　　...... negatieve denker ;
　　　...... pessimist ;
　　　...... passief ;
　　　...... fantasieloos ;
　　　...... depressief ;
　　　...... pechvogel ;
　　　...... niet succesvol ;
　　　...... ongemotiveerd ;

Hij heeft gevoelens van ....
　　　...... mismoedigheid ;
　　　...... minderwaardigheid ;

...... jaloezie ;
...... afgunst ;
...... woede ;
...... schuld ;
...... angst ;
...... teleurstelling ;
...... hoogmoed ;
...... haat ;
...... wanhoop ;
...... ongeloof ;

Gevolg : **Hij is altijd een 'verliezer'**

LEIDING GEVEN

De leidinggevende en het beleid

BELEIDSVORMEN

\# **Conservatief beleid :**
Is het zich houden aan vaste en oudere vormen en tradities ;

\# **Creatief beleid :**
  Is het zoeken en uitvoeren van nieuwe mogelijkheden ;

\# **Direct beleid :**
  Is het rechtstreeks of onmiddellijk sturen, besturen en uitvoeren van beleid ;

\# **Indirect beleid :**
  Is het langs diverse lijnen en personen (delegeren) uitvoeren van beleid ;

DOELSTELLINGEN

\# Het rendabel maken van het kapitaal ;

\# Het maken van winst ;

\# Het vervullen van een nuttige functie in de maatschappij ;

VORMGEVING

\# Het doel vaststellen en het beleid bepalen, besluiten en constateren ;

\# Het doel uitstippelen. Aangeven **hoe** de doeleinden bereikt moeten worden (- mondeling of schriftelijk -) ;

\# Het doel uitvoeren. De **juiste man** op de **juiste plaats** ;

TAKEN

\# Kwellende problemen van vandaag en morgen het hoofd bieden ;

\# Er zorg voor dragen dat het 'bedrijf' verstandig geleid wordt ;

\# Er zorg voor dragen dat een juiste planning wordt uitgevoerd en er een goede coördinatie is ;

\# Het bereiken van een zo groot mogelijk verkoopresultaat. ;

LEIDING GEVEN

De leidinggevende en macht

Macht = **Is het vermogen om iets tegen weerstanden in te bewerkstelligen door uitoefening van een dwingende invloed**

VOORBEELD A

Politieke en economische macht

Is het vermogen om anderen openlijk of verholen zijn wil op te leggen of naar je hand te zetten door :

functie
positie
houding
geld

Beslissingen worden genomen uit eigen belang en kunnen desastreuze gevolgen overzien. Politieke en economische macht geeft een spanningsgevoel en men vindt veelal gelijkgestemden en men neemt ook in deze situatie makkelijker beslissingen

VOORBEELD B

Geestelijke en persoonlijke macht

Is het vermogen om zo bewust moeilijk beslissingen te nemen in het belang van jezelf en je medemens door :

individu
competentie
houding
geestelijke rijpheid

Men is hier in staat om de draagwijdte van genomen beslissingen te beseffen en te hebben. Geestelijke en persoonlijk genomen beslissingen geven ook een geluksgevoel en die bekwaamheid maakt gelukkig en men neemt in deze situatie dan ook moeilijker beslissingen

VOORBEELDEN VAN MACHT TUSSEN A & B

Twee directeuren van een groot bedrijf moeten een beslissing nemen op ze vijfhonderd mensen zullen ontslaan bij een beslissende reorganisatie van het bedrijf.
Een zelfde problematiek kan zich ook voordoen in de politiek, in het leven van iemand die een leger moet leiden, in het leven van artsen, van leraren, van ouders, dus zij die beslissingen moeten nemen op en in het 'leven' van anderen

Directeur voorbeeld A
Voor deze directeur zijn deze vijfhonderd mensen een groep, een getal, een eenheid in zijn organisatie en meer niet Hij heeft zijn bewustzijn het zwijgen opgelegd omdat het bewust overwegen van alle consequenties voor hem te pijnlijk kunnen zijn.

Directeur voorbeeld B
Voor deze directeur hebben deze vijfhonderd mensen dezelfde betekenis als bij directeur A, doch hij staat daarnaast zeer bewust stil bij die vijfhonderd mensen, hun gezinsleden of aanverwanten en de daarbij behoren sociale gevolgen. Hij heeft zijn bewustzijn opengesteld en hij weet dat de te nemen maatregelen en consequenties zeer pijnlijk kunnen zijn.

WIE NEEMT NU DE GEMAKKELIJKSTE BESLISSING EN WIE DE MOEILIJKSTE BESLISSING ?

De gemakkelijkste beslissing wordt door directeur A genomen maar de beste en moeilijkste beslissing wordt door directeur B genomen, omdat die bereid is de pijn, die bij het nemen van zo'n beslissing behoort, te verdragen, maar toch in staat blijft om die beslissing te nemen, maar ook te verantwoorden

LEIDING GEVEN

De leidinggevende en werkvolgorde en werkindeling

WERKVOLGORDE

- # Inzicht verwerven
- # Overleggen
- # Gegevens naar waarde schatten
- # Gegevens beoordelen
- # Oordeel vormen
- # Beslissingen nemen
- # Uitvoeren van die beslissingen
- # Evalueren van gedane werkzaamheden

DAGELIJKSE INDELING

- # 1 uur door middel van **lezen**
- # 1 uur door middel van **handelen en uitvoeren**
- # 2 uur door middel van **praten**
- # 2 uur door middel van **overleggen**
- # 6 uur door middel van **luisteren**

LEIDING GEVEN

De leidinggevende en de gesprekspartner

A. Zoek uit.......
 ...... wat je gesprekspartner bezighoudt ;
 ...... waar de interesses van je gesprekspartner liggen ;
 ...... welke overtuigingen je gesprekspartner heeft ;
 ...... welke wensen je gesprekspartner heeft ;

B. Geef je gesprekspartner het gevoel ......
 ...... gerespecteerd te worden ;
 ...... van je instemming ;
 ...... bewonderd te worden ;
 ...... gewaardeerd te worden ;
 ...... belangrijk te zijn ;
 ...... nodig te zijn ;
 .... dat er aandacht aan hem wordt geschonken ;

……. dat hij op je hulp kunnen rekenen ;
……. dat hij gelijk heeft ;
……. dat wat hij of zij doet zinvol is ;

LEIDING GEVEN

De leidinggevende en klachtenbehandeling

KLACHTENBEHANDELING

Ieder bedrijf, school, instelling of instituut. Zal in sommige gevallen te maken hebben met klachten. Hoe uitstekend geleid ook, zal men ondervinden dat er altijd mensen zijn die zich over het een en ander beklagen. Is het niet over een product, dan wel over bepaalde omstandigheden.

Klachtensoorten

En klacht is een uiting van onbehagen over een situatie, waarvan men terecht of onterecht aanneemt, dat deze afwijkt van een situatie, die men mocht verwachten. Ten aanzien van klachten kan men spreken van:

Objectieve klachten :
De ontvanger van de klacht dient vanuit zijn oogpunt de klacht te erkennen ;

Subjectieve klachten :
De klager heeft de indruk gekregen dat de situatie ongunstiger is dan hij meende te mogen verwachten ;

Externe klachten :
Klachten geuit door klanten, gasten, leveranciers, bankiers, overheid, e.d.

Interne klachten :
Klachten geuit door werknemers, aandeelhouders, leerlingen, commissarissen e.d.

Oorzaken van klachten

Klachten kunnen wij in een aantal categorieën indelen, namelijk over ......

- ...... kwaliteit en/of kwantiteit van een geboden product ;
- ...... geboden service ;
- ...... niet correcte handeling(en) ;
- ...... ongepast verzuim ;
- ...... afwijkend gedrag van werknemers, collega's, personeel ;
- ...... stuitend gedrag van werkgevers, leidinggevenden, ambtenaren ;
- ...... invoering van verbodsbepalingen ;
- ...... arbeids(ver)storingen van een onbekend soort.

Klachtenbehandeling

Een behandelingsbeginsel is een klacht die op het ogenblik dat zij wordt geuit, objectief is in de ogen van de klager
Een klachtenbehandelaar doet er dus goed aan om dit te erkennen, anders krijgt hij te maken met een versterkte objectieve klacht. Als men dit niet erkent, dan ......

- ...... blijft de klacht, waarover de klager komt, ten volle bestaan ;
- ...... komt de klacht, dat de klachtenbehandelaar een bevooroordeel persoon is, die de klager niet zal helpen, erbij.

Wat de oorzaak van een klacht ook mogen zijn, de subjectieve instelling van de klager of de objectieve omstandigheid, waaromder de klacht ontstond, zal door de behandelaar doelmatig dienen te worden behandeld.
Dat kan hij vanuit het besef, dat ......

- ...... alleen de klager zelf de **oorzaak** van het ontstaan van de klacht kan aanwijzen ;
- ...... de klager vaak direct kan zeggen wat de eigenlijke oorzaak van de klacht is. Hij dient door de klachtenbehandelaar te worden geholpen bij het formuleren van zijn klacht, net zo lang tot de oorzaak van de klacht aan beiden duidelijk is geworden.

Behandeling van een klager

Regel
Maak altijd onderscheid tussen de klager en de klacht

Hoe vreemd het misschien ook mag klinken, maar een klacht is niets anders dan een vertrouwensbewijs van de klager naar het bedrijf en aan de (bedrijfs)leiding.
Met het uiten van zijn klacht toont de klager dat hij er volkomen op vertrouwt dat het bedrijf c.q. het management in staat is en tevens de goede wil heeft om de gemaakte fout(en) te herstellen.
Klachten kunnen constructief en zelfs stimulerend werken. Eerst door een verkeerde of foutieve behandeling krijgen ze negatieve aspecten.
Het is een algemeen gemaakte vergissing dat alleen de directeur, de chef, de leidinggevende, de bedrijfsleider of de eigenaar de aangewezen persoon is voor het in ontvangst nemen en behandelen van klachten.
Iedere werknemer, ondergeschikte of medewerker dient zich voor klachten verantwoordelijk te voelen en er voor te zorgen dat ze zorgvuldig worden behandeld en afgewikkeld.

De 10 geboden voor klachtenbehandeling

Een klacht onmiddellijk aanhoren en indien gewenst de verontschuldigingen aanbieden en laat de klager 'leeg' praten. Als er iets niet duidelijk is, blijf dan vragen. Stel z.g. 'reflecterende' vragen, zoals bijvoorbeeld: 'Als ik U goed beluister ......'

\# Probeer er achter te komen of de klacht waar is ;

- # Ga nóóit argumenteren. Ook niet als de klager grof of onbeschoft wordt. Houdt daarbij een wat droevig gezicht, dat toont dat men meeleeft met de klager ;
- # Luister heel goed naar de klacht. Luisteren verzwakt het bezwaar en misschien krijgt men inzicht in wat de klager eigenlijk wil ;
- # Herhaal altijd het bezwaar van de klager en formuleer de vraag voorzichtig. Tracht het bezwaar of klacht zodanig te herhalen, dat de klager zegt: 'Ja, zo is het' of 'Ja, zo bedoel ik het' ;
- # Haal altijd de kernpunten uit de klacht ;
- # Verander het gebaar vervolgens in een vraag ;
- # Geef antwoord of laat de klager dan aangeven wat hij verwacht : Wat wilt U dat wij voor nu voor doen ?' ;
- # Blijf altijd kalm en laat nooit je teleurstelling blijken als de klager je verstandige oplossing niet direct wil opvolgen ;
- # Neem de tijd. Bij overeenstemming dien je vast te leggen wat er gebeurt. Achteraf vragen of de klager tevreden is ;

De instelling van de behandelaar

Klachten of verwijten komen nog al eens voor in menig bedrijf, school, instituut of instelling. Wanneer een klacht of verwijt wordt geuit, behandel die dan altijd met de uiterste tact.
De klacht of het verwijt mag in de ogen van de behandelaar nog zo onbeduidend zijn, nog zo onredelijk of nog zo onbillijk, voor de klager zelf is het wel belangrijk, redelijk en billijk. Hij is er op dat moment geheel vervuld van en verkeert in een gevaarlijke toestand. Hij heeft namelijk voor zichzelf de overtuiging dat hem

op dat moment onrecht is aangedaan, dat hij niet billijk is behandeld en dat hem tekort is gedaan.
De klager is verbitterd, gekrenkt en teleurgesteld en om die reden verkeert hij in een gespannen toestand, is buitengewoon gevoelig en kwetsbaar.
Eén verkeerd woord van de klachtenbehandelaar of een schouderophalen of het fronsen van de wenkbrauwen is al voldoende om de klager in woede te doen ontsteken.
Voor de klachtenbehandelaar wordt nu de kunst van de juiste omgang op de proef gesteld. Hij kan zich nu zelf toetsen hoever men gevorderd is in de juiste omgang en benadering en wat er nog aan ontbreekt. In zo'n situatie heeft hij de gelegenheid te kiezen tussen een overwinning of een jammerlijk falen.
Er is vooral één fout, waarvoor men bij het behandelen van klachten dient uit te kijken. Eén kapitale fout, welke steeds opnieuw begaan wordt, namelijk:

Onmiddellijk beginnen met zich verdedigen, tegenspreken en argumenteren.

Hiermede bereik je als behandelaar niets of nee, eigenlijk is die opvatting niet juist. Je bereikt er wel iets mee, namelijk een hoop last, ellende en onaangenaamheden. Men raakt verwikkeld in een nutteloze woordenstrijd, welke gezien de gespannen toestand van de klager, zeer waarschijnlijk zal ontaarden in een hooglopende ruzie.
Tenslotte gaat men uiteen: Beiden boos en onbevredigd en elk is er van overtuigd dat hij gelijk had en de ander ongelijk.
In dergelijke gevallen van klachtenbehandeling is argumenteren altijd het laatste wat men moet doen.

In een klachten- of verwijtsituatie is het tonen van begrip een allereerste vereiste. Laat de klager zijn klacht of verwijt vertellen en luister met geduld. Laat de klacht of het verwijt op je inwerken, val hem niet steeds in de rede en spreek hem onder geen enkele voorwaarde tegen. Laat hem door je houding voelen dat je hem begrijpt. Mocht blijken dat de klacht of het verwijt van de klager werkelijk gegrond is en het ongelijk aan jouw kant staat, erken dit dan loyaal en volmondig.

Betuig spijt en biedt verontschuldigingen aan en geef de verzekering dat de gemaakte fout zich niet meer zal herhalen. Door dit tactische optreden heeft men een klant (gast) behouden en voorgoed aan je persoon en bedrijf verbonden.

REGEL
Het is beter klachten te voorkomen dan om ze te behandelen

LEIDING GEVEN

De leidinggevende en het uiten van kritiek

Als leidinggevende kritiek op iemand of ondergeschikten uitoefenen kan vernederend werken, maar ook opbouwend.
Wanneer men als leidinggevende kritiek uitoefent op een ander of ondergeschikte, wanneer je hem opmerkzaam maakt op een fout of een aanmerking maakt over een verkeerde handeling, dan wil je toch iets bereiken.
Indien het je alleen te doen om het eigen gevoel van gewichtigheid te vergroten en te bevredigen of een ergernis af te reageren, wel dan kun je je gang gaan.
Zeg gewoon die ander of ondergeschikte dan maar ronduit waar het op staat.   Natuurlijk kwets je die ander of ondergeschikte. Maar wat hindert dat ?   Jij, als leidinggevende voelt je behaaglijk en opgelucht en …….. daar gaat het toch om, nietwaar ?
Maar, wie kritiek wilt uitoefenen, zal dat toch op een andere wijze dienen te doen, want anders ben je op de verkeerde weg.
Indien je een ander of ondergeschikte op z'n fout wilt wijzen of hem wilt verbeteren door je kritiek of aanmerking, dan zul je het anders en tactisch dienen aan te pakken.   Kritiek betekent altijd een aanval en een aanval roept altijd een verdediging op.
Wanneer we een fout maken of een verkeerde handeling dan willen we voor onszelf nog wel toegeven.   Maar wanneer een ander ons op ruwe en ontactische wijze die fout of verkeerde handeling onder de ogen brengt en ons wil dwingen om ongelijk te bekennen dan komen we onmiddellijk in opstand.   Wat we zo juist heimelijk voor ons zelf hadden bekend, gaan we met grote felheid te lijf.

Als leidinggevende mag men daarom nooit of te nimmer een ander of ondergeschikte werkelijk verbeteren door scherpe, ontactische en ruwe kritiek of onvriendelijke verwijten. Als leidinggevende bereikt men er ongetwijfeld iets mee, maar juist het tegenovergestelde van wat men wilt bereiken.

Begin daarom altijd met de ander of ondergeschikte iets prettigs of positiefs te zeggen. Iets wat die ander of ondergeschikte streelt of graag hoort. Iets waardoor hij zich gevleid voelt.

Pas bij het geven van kritiek er altijd voor op dat men het gevoel van gewichtigheid niet raakt. Breng de ander of ondergeschikte eerst in een gunstige stemming, want zo'n 'gunstige stemming' compenseert het pijnlijke van hetgeen men daarna gaat zeggen.

Zeg dan vervolgens het pijnlijke of onprettige op de minst onprettige wijze, op een vriendelijke toon en zo tactvol mogelijk.

Die paar vriendelijke woorden vooraf behoeden hem er niet voor misschien een poosje zonder werk te komen zitten, maar zijn trots wordt wel gered en dat is heel wat waard, wanneer hij/zij bijvoorbeeld een andere baan moet gaan zoeken.

Als leidinggevende ben je vaak de laatste die met zo'n iemand praat. Doe dan ook de moeite om uit te laten komen dat **hun kwaliteiten** niet helemaal overeenstemmen met hetgeen het bedrijf nodig heeft. Probeer te laten uitkomen hoe hij het beste gebruik kunnen maken van hun **capaciteiten** en leg daar ook de nadruk op.

Leg ze uit dat ze eventueel in een andere baan beter uit de verf kunnen komen. Zo'n uiting van kritiek geeft veel meer voldoening, dan een keiharde confrontatie.

REGEL
Wanneer men kritiek moet leveren, verzacht dan die kritiek met een beetje waardering vooraf

LEIDING GEVEN

De leidinggevende en het kleineren

Kleineren wil zeggen dat men door woorden, handelingen, gebaren of daden anderen of ondergeschikten in geestelijk opzicht 'kleiner' wilt maken

Door bijvoorbeeld als leidinggevende tegen een ander of ondergeschikte te zeggen: 'Jij kunt ook niets' of 'Jij bent zo stom als een achtereinde van een varken' of 'Jij bent te onhandig' of 'Jij bent een sukkel' of iets van dien aard, dan 'verklein' je hem in zijn ogen.

Als leidinggevende geef je hem op dat moment een gevoel van onbeduidendheid en minderwaardigheid. Dit gevoel kan heel sterk of minder sterk zijn, maar het is in ieder geval een neerdrukkend gevoel.

Indien het gevoel van eigenwaarde zich in voldoende mate ontwikkeld heeft, zullen de uitgesproken kleinerende woorden hem niet zo erg veel kwaad doen. De kleinerende woorden zullen hem wel kwetsen, maar het overwicht van zijn gevoel voor gewichtigheid is stevig genoeg om een aanval van kleineren af te slaan. Maar als het gevoel van eigenwaarde niet voldoende is ontwikkeld, dan wordt het minderwaardigheidsgevoel door het kleinerend optreden alleen maar versterkt.

Door herhaaldelijk de ander of ondergeschikte op een dergelijke wijze te kleineren, dan kan men er in slagen het onmisbaar gevoel van eigenwaarde grotendeels te doden, met het gevolg dat hij in het geheel geen zelfvertrouwen meer hebben, geen geloof meer in eigen kracht en kunnen en gaan dan ook vaak als een geestelijk wrak door het leven.

Leidinggevenden die dit niet weten en aanvoelen en ook nog eens niet begrijpen en aldoor maar bezig zijn anderen of ondergeschikten te kleineren, doen hiermee heel veel kwaad. Zij verhinderen de normale ontwikkeling en ontplooiing van eigenwaarde, versterken het minderwaardigheidsgevoel en wekken vaak bij hem gevoelens op die sterk verwant zijn aan haat.

Als leidinggevende dient men dus op te passen anderen of ondergeschikten te kleineren, want dat bespaart een heleboel ellende op de werkvloer.

Regel
Een mens kleineren is als een steen in een modderpoel.
Men bespat alleen zichzelf

Een leidinggevende die zijn ondergeschikte kleineert heeft geen verstand, een leidinggevende met inzicht zwijgt

LEIDING GEVEN

De leidinggevende en het waarderen

Er wordt in het leven en op de werkvloer veel verdriet en ellende veroorzaakt door het onthouden van waardering. Leraren van menselijke verhoudingen hameren al heel lang op dit punt, doch zonder succes. Je hoort vele malen per dag :

'Als ik maar eens gewaardeerd werd, dan zou ik me heel anders voelen ' of 'ik doe al jaren mijn plicht en verricht mijn werk met de volle honderd procent en nooit krijg je een blijk van waardering, doch maak ik een keer een fout, dan is de aarde te klein ' of ' Je kunt je hier doodwerken voor hem voordat je een waarderend woord krijgt ' of 'Hij moppert de hele dag op je en je krijgt nóóit eens een klopje op je schouder '

Het heeft geen nut al te bescheiden te zijn wanneer je als leidinggevende iemand waardeert, prijst of lof toezwaait.
Een afgemeten 'je haalt het wel, hoor !' of ' Je bent niet slecht, zeg ! ', is niet goed genoeg. Anderen c.q. ondergeschikten willen graag werkelijke en gemeende woorden van waardering horen wanneer ze iets goeds gedaan hebben of iets goeds tot stand hebben gebracht. En ze willen het ook graag horen, ook al geven velen de indruk dat het ze niets kan schelen.
Vele leidinggevenden zijn de oorzaak van onnoemelijke ellende door pertinent te weigeren een ander of ondergeschikte te waarderen door op het standpunt te blijven staan dat waarderen nutteloos is. Toch vallen die leidinggevenden zowat op hun knieën en aanbidden ze degene die hun wel waardeert.
Ik moet de man of vrouw nog zien die niet op een goede waardering reageert, wanneer het hem of haar toekomt.
Als leidinggevende geloof je niet in wonderen ? Nu, ze gebeuren iedere dag en je zult als leidinggevende een wonder zien gebeuren, wanneer je een ander of ondergeschikte waardeert voor goed verricht werk. Waardeer de mensen die voor je werken en je zult zien dat waardering ook op jou, als leiding-

gevende, valt. Mensen bloeien op door een woord van waardering en hun dag wordt er goed door.
De leidinggevenden van 'hamer het er maar in' en de 'geef hem er maar van langs' zullen er belachelijk uit gaan zien: Gefronste voorhoofden zullen in glimlachen veranderen; harten, die als rotsen zo hard zijn geworden, zullen zacht als klei worden; de zachtheid zal terugkeren op die lippen die hard zijn geworden alleen maar door het uiten van kritiek........het is gewoon fantastisch welke grootse dingen leidinggevenden kunnen bereiken, door te prijzen wanneer waardering op zijn plaats is. Bedenk altijd dat het echte waardering moet zijn en géén vleierij.

Echte waardering is waarheid – vleierij is een leugen

LEIDING GEVEN

De leidinggevende en het luisteren

Onder leidinggevenden heerst vaak de volgende misvatting: Om belangrijk te zijn moet je interessant kunnen praten. Zeker, een interessant prater kan anderen boeien of bekoren, maar als men zo'n iemand te vaak ontmoet, krijgt men al snel genoeg van al dat gepraat.

Men komt vaak tot de ontdekking dat deze interessante praters ijdele, met zichzelf ingenomen mensen zijn. Ze kunnen altijd uitstekend **praten**, maar kunnen gewoonlijk heel slecht **luisteren**. Ze horen zichzelf zo graag praten, dat ze maar bitter weinig geduld én belangstelling over houden voor de verhalen van anderen.

Praters zijn er genoeg in onze zenuwslopende en haastige wereld en vooral in het bedrijfsleven zijn er veel leidinggevenden die de hele dag niets anders doen dan praten. Zij beschouwen 'praten' als een belangrijke bezigheid in hun leven en werk. Het kan hun totaal niet schelen waarover en met wie ze praten, als zij maar kunnen praten. Maar dat vele praten gaat vervelen en irriteren.

Maar er is echter één mensentype die nóóit verveelt. Hij is overal en altijd welkom en wordt altijd met open armen ontvangen, namelijk:

De luisteraar met belangstelling

Luisteren is kunst met een grote IK, maar helaas, goede luisteraars, mensen die de kunst verstaan met geduld en belangstelling te luisteren naar anderen of ondergeschikten, die zijn er maar weinig. De belangstellende luisteraar heeft slechts maar weinig mededingers en daarom valt hij of zij des te gunstiger op. Voor leidinggevenden is LUISTEREN een van de belangrijkste eigenschappen, die niet weg te denken is in de omgang met anderen en ondergeschikten.

Wil je als leidinggevende doorgaan als een goed prater, wees dan een belangstellend luisteraar. Je zult dan nooit vervelen of mishagen. De kunst van praten bestaat voor één kwart uit praten en voor drie kwart uit luisteren. Juist voor de leidinggevende

Een mens heeft twee oren en één mond om twee keer zoveel te luisteren dan te praten

Op weg naar wijsheid is de eerste stap stilte ; de tweede luisteren ; de derde onthouden ; de vierde oefenen en de vijfde onderwijzen naar anderen

LEIDING GEVEN

De leidinggevende en het aannemen van personeel

Het aannemen van personeel blijft één van de moeilijkste zaken. Meestal valt dit onderdeel onder de bevoegdheden van een Hoofd Personeelszaken, doch soms moet de eigenaar, de directeur of een andere leidinggevende deze taken op zich nemen. De organisatie bij het aannemen van personeel is dan ook heel belangrijk en de volgende punten dienen aan de orde te komen:

PERSOONLIJKE GEGEVENS SOLLICITANT

Zijn burgerlijke staat - geloof - beroep – samenstelling gezin – huiselijke omstandigheden – eventuele persoonlijke achtergronden ;

DIVERSE GEGEVENS

Zijn liefhebberijen – hobby's - lid van verenigingen en eventuele functies daarin – wensen omtrent eventuele huisvesting ;

GEGEVENS OVER GEVOLGDE EN NOG TE VOLGEN STUDIES

Zijn scholing - opleiding - lopende studies – studieplannen - speciale kennis (b.v. talen, vakkennis, handelskennis e.d.) - blijven zitten - opgaven van studies en diploma's - oorzaken van onderbrekingen - welke andere mogelijkheden ;

WERKGESCHIEDENIS

Zijn tegenwoordige functie(s) – taakomschrijving - ervaring vaktechnisch, commercieel, leidinggeven en organisatie - oorzaken van onderbrekingen tussen opgegeven betrekkingen – oordeel van de sollicitant - over eigen werkgeschiedenis – eventuele nevenfuncties/banen - sterkste en zwakste werkzijde van de sollicitant(e) ;

REDEN VAN SOLLICITATIE

Zijn beweegredenen vak of bedrijf – contacten met medewerkers in het bedrijf - welke plannen indien men niet gesolliciteerd had - welke functie zou verkozen worden, indien men volkomen vrij was ;

INFORMATIE TOEKOMSTIGE OF TEGENWOORDIGE WERKKRING

Zijn referenties (welke relaties met de opgegeven referenties) - huidige salaris – verlangd salaris - werktijden - secondaire arbeidsvoorwaarden - reisvergoedingen - vakanties - vrije dagen – verantwoordingen - pensioenregelingen – omschrijving van het cao - bedrijfsregels (rechten en plichten).

LEIDING GEVEN

De leidinggevende en de techniek van het verkopen

Doelstelling

A. Door middel van vooruitstrevende verkoop en publiciteit de omzet van het bedrijf, zowel qua volume als qua gemiddelde zo hoog mogelijk te doen worden (= marketing);

B. Door middel van speciale technieken en activiteiten de praktische uitvoering van de verkoop, onder **A** genoemd, ten uitvoer te brengen (= sales / verkoop).

VERKOOPPLAN

De eerste vraag die wij bij een verkoopplan dienen te stellen is:
Hoe bereiken we het grootst mogelijke verkoopresultaat en op welke manier kunnen wij dit bereiken ?

Er zijn in de verkoop verschillende methoden die tot resultaat kunnen leiden. Volgens insiders op het gebied van de '**sales & marketing**' is resultaat en succes alleen mogelijk wanneer men zich richt naar onderstaande bewerkingsfasen.
Elke fase apart omvat een eigen hoofdstuk, tezamen echter is het een samensmelting van acties en reacties, die het succes kunnen garanderen.

Bewerkingsfasen

- **A.** Een grondige marktanalyse ;
- **B.** Een bedrijfs- en persoonlijk opgebouwde 'goodwill' ;
- **C.** Een bewerking van relaties en a.s. relaties ;
- **D.** Het eindresultaat ;

A. Een grondige marktanalyse

Bij het bewerken van het 'werkterrein' dient men altijd rekening te houden met de plaatselijke, regionale, landelijke (= nationale) en mondiale (= internationale) marktsituaties. Grondige bedrijfsanalyses zullen nodig zijn om een verkoopplan te doen slagen. Wat dienen wij te weten en wat vloeit er uit voort ? Om dit te weten dient men op de hoogte te zijn van alle verkoopmogelijkheden en verkoopkanalen.

Verkoopmogelijkheden

Men dient op de hoogte te zijn van persoonlijke gegevens van de te bewerken relaties, hun financiële draagkracht en hun interne organisatie en activiteiten ;
Men dient onderzoek te verrichten naar concurrerende bedrijven; tracht hun omzet te schatten; welke contacten onderhouden zij en wat zijn hun verkoopactiviteiten ;
Wat kunt men als bedrijf en organisatie hier tegenover stellen ? Tracht vast te stellen waarom de concurrentie dit aandeel in de markt heeft en hoeveel men van dit marktaandeel zou kunnen verkrijgen ;
Concludeer welke mogelijkheden voor Uw bedrijf aanwezig zijn in het te bewerken gebied.

Verkoopkanalen

- \# Relaties en/of a.s. relaties die thuishoren in de z.g. 'privé-sector' ;
- \# Relaties en/of relaties die thuishoren in de z.g. 'toeristen-sector' ;
- \# Relaties en/of relaties die thuishoren in de z.g. 'zaken- of bedrijfssector' ;

Praktisch in elke plaats of regio en in elk land zal men meerdere van bovengenoemde verkoopkanalen voor het te verkopen **'product'** vinden. Door de verkoopkanalen zo uitvoerig mogelijk te analyseren, zal men snel tot een conclusie komen hoe te handelen en met welke middelen men met betrokken relatie(s) in contact kunt komen.

Vooral over de financiële draagkracht en de betrouwbaarheid dient men zich van te voren voldoende op de hoogte te stellen.

B. Een bedrijfs- en persoonlijk opgebouwde 'goodwill'

Laten we aannemen dat je door een, van te voren ingesteld, marktonderzoek een belangrijke relatie heeft binnengehaald. De desbetreffende relatie ontvangt altijd een **bevestiging,** die dient overeen te stemmen met de punten van het gevoerde verkoopgesprek, dit om eventuele misverstanden in de toekomst te voorkomen. Alle gegevens dienen zo kort mogelijk in punten op een gespreksformulier of computerkaart vermeld te worden.

Laten we ook aannemen dat je een behoorlijke verkoop heeft kunnen realiseren. Wat moeten we nu doen om de verkoop te consolideren ?

Door een regelmatig bezoek aan nieuwe en bestaande relaties met onbepaalde nauwkeurigheid te verrichten zullen op den duur, wanneer deze bezoeken van een bepaald gehalte zijn, wederzijds begrip en vertrouwen ontstaan, wat men vaak ook wel 'bedrijfs- of persoonlijke 'goodwill' noemt. **'Goodwill'** echter wordt mede bepaald door het volgende:

- \# Steun, die men een bepaalde relatie verleent, bij het verdere verzorgen van zijn wensen ;
- \# Het verzorgen van 'direct mailing';
- \# Het zelfstandig behandelen en oplossen van bezwaren en klachten die het 'product' betreffen ;

Bovenstaande punten regelmatig in de praktijk toepassen en in je verkoopargumentatie opnemen, zal in positieve zin bijdragen tot wat de relatie in de toekomst zal gaan doen.

De leidinggevende die 'goodwill' creëert voor zijn bedrijf, zal spoedig ook een persoonlijke 'goodwill' voor zich zelf creëren en dat is het vitale punt waarom het gaat. Zonder persoonlijke 'goodwill' is geen verkoop te realiseren en zijn bereikte resultaten niet te handhaven.

C. Een bewerking van relaties en a.s. relaties

Laten we er van uitgaan dat een juiste 'goodwill' iets tot stand heeft weten te brengen.   Wat heeft men nu bereikt ?
Je bent nu een 'goodwill-ambassadeur' van je bedrijf geworden; dat houdt in dat je voor relaties een verkoopadviseur bent geworden. Dit zal blijken uit de verschillende verkoopgesprekken, die je met de verschillende relaties heeft gevoerd.   Juist jouw adviezen en de wijze waarop door jou de relaties tevreden zijn gesteld zullen mede bepalend zijn voor het uiteindelijke verkoopresultaat.
Hoe kun je dit nu zelf controleren ?
Neem van bepaalde relaties alle gespreksformulieren en computer- of digitale kaarten naast elkaar, in volgorde van datum. Aan de hand van de door jou ingevulde formulieren en kaarten kun je aflezen wat je door de gevoerde gesprekken hebt bereikt.
Nu je in zekere zin **verkoopadviseur** bent geworden van jouw relaties, zullen de verkoopkansen groter zijn en de resultaten binnen bereik.

De verkoopkansen kunnen we nog sterker tot uitdrukking laten komen door een tweetal activiteiten te hanteren:

a. **de 'interne' activiteiten**
   - het onderzoeken van relaties en/of a.s. relaties ;
   - het verzorgen van reclamemateriaal (= in overleg met public relations) ;
   - zorg dragen voor speciale behandelingen voor belangrijke relaties ;
   – het promoten van speciale activiteiten ;

b. **de 'externe' activiteiten:**
   - het onderhouden van contacten met reeds bestaande relaties (public relations) ;
   – het regelmatig versturen van nieuws over het product of bedrijf (direct mailing) ;
   - Speciale prijsafspraken maken met belangrijke of grote organisaties ;
   - contacten onderhouden met andere bedrijven e.d. (personnel contacts) ;
   - het verrichten van verkooppromoties (sales & marketing promotions) door middel van adverteren, distribueren van reclamemateriaal, verkoopbulletins) ;

Stel altijd verkoopoverzichten samen van alle relaties. Een relatie verliezen zonder het te weten, betekent wellicht blijvend verkoopverlies, dat onnodig was geweest, indien men zich de moeite had gegeven het te analyseren.

Door regelmatig aandacht te geven weet de relatie dat het bedrijf en jij (= verkoopadviseur) als representant van je bedrijf, achter hem staat. Aan het bedrijf en jou de belangrijke taak dit te rechtvaardigen en te consolideren.
Zonder een gezonde opvatting in zaken, is het niet mogelijk resultaten te bereiken. Maar ook iedere medewerker onder jou dient zo'n gezonde verkoopmentaliteit te bezitten, om zijn aanwezigheid in het bedrijf te rechtvaardigen.

D. Het eindresultaat

Het eindresultaat kunnen we nu samenvatten en onderstrepen. Het leveren van een menselijke prestatie wordt nóóit onderstreept door woorden, maar wel door daden. Bepaal hiermede het verkoopaandeel en het verkoopsucces en het verkoopplan kan geslaagd genoemd worden.

Samenvatting:

Het regelmatig 'pousseren' van bedrijfsnieuws is het versterken van verkoopkracht ;
Met verkoopkracht komt overtuiging bij relaties ;
Door overtuigingskracht is verkoopresultaat nu pas denkbaar ;
Door verkoopresultaat een grotere omzet ;
Omzetverhoging betekent een hoger inkomen.

Het resultaat is dus alleen mogelijk door een juist gevoerd beleid en verkoopplan.

MARKTANALYSE - GOODWILL - BEWERKING - RESULTAAT

Een verkoopstaf (= Sales & Marketing) van een bedrijf wordt wel eens vergeleken met de **ogen** en de **oren** van dat bedrijf. Als we werkelijk **'ogen'** en **'oren'** hebben, is het aantal waarnemingen dat we regelmatig verrichten groot van omvang en belangrijk. Deze waarnemingen dienen te worden verzameld en te worden vermeld.

Waarnemen en rapporteren

Welke punten zijn van belang om snel te rapporteren en te behandelen:

Activiteiten van concurrerende bedrijven ;
'Alarmtoestand' van relaties en a.s. relaties ;
Wensen, klachten, voorstellen van relaties en a.s. relaties ;
Reacties over kwaliteit van het 'product' ;

Als leidinggevenden dienen we ons nóóit door geruchten te laten intimideren, maar gewoon door te werken en ons niet in paniek of van de wijs te laten brengen. Wie goed en volgens de juiste lijnen en regels werkt, zal zeker succes en verkoopresultaat oogsten.

LEIDING GEVEN

De leidinggevende en het plannen en coördineren

PLANNEN

Wie als leidinggevende iets wil bereiken zal eerst daarvoor een 'plan' dienen op te zetten. Dit is een oeroude wijsheid waaraan niet te tornen valt. Plannen is ....

- ...... het uitstippelen van de weg waarlangs men het doel wilt bereiken ;
- ...... het zoveel mogelijk in cijfers vastleggen van voorspellingen of prognoses ;
- ...... in de toekomst kijken en of die toekomst nu dichtbij of veraf is. Daarbij trekt men als het ware waarschijnlijke lijnen, binnen welke de kansen liggen dat het gestelde doel wordt bereikt ; (maximum prognoses / minimum

prognoses) ;
- ...... het bepalen van behoeften van dat wat nodig is of zal zijn. Men 'plant' om afwijkingen te kunnen vaststellen. De planning of het plan is daardoor één van de belangrijkste gereedschappen voor het juiste leiding geven (= 'tools of management) ;
- ...... geen starre zaak, maar planning is dynamisch. Verandert er iets in een situatie, dan zal men ook de planning dienen aan te passen ;

Naarmate de onzekerheden toenemen en dus het voorspellen moeilijk wordt, neemt men juist de noodzaak van een planning toe. 'Plannen' in het bedrijf of zaak dient steeds te gebeuren ten aanzien van :

- # de lange termijn ;
- # de middellange termijn ;
- # de korte termijn ;

Buiten bovengenoemde kent men ook een aantal planningsvormen, te weten :

- # een jaarplan (in hoofdlijnen en in onderdelen) ;
- # een vijfjarenplan (in hoofdlijnen en in onderdelen) ;
- # een meerjarenplan (in hoofdlijnen en in onderdelen) ;

COÖRDINEREN

Coördineren is leggen van verbanden en het scheppen van een zekere harmonie tussen de hoofdlijnen en zijn onderdelen. Een leidinggevende dient dus een coördinator te zijn van :

- \# zakelijke aspecten als zodanig ;
- \# menselijke aspecten als zodanig ;
- \# zakelijke aspecten ten opzichte van menselijke aspecten ;
- \# menselijke aspecten ten opzichte van zakelijke aspecten ;

Coördineren is een steeds terugkerend proces, niet alleen in de voorbereidingsfase, maar ook bij de uitvoering van een opgezet plan.

Onthoudt dus:
'Coördineren is voortdurend afstemmen'

SLOTWOORD

Leiderschap is actie ondernemen om resultaten te bereiken. Als leidinggevenden is het belangrijk mensen, personeel en ondergeschikten samen te brengen en te binden om een harmonieus team in het bedrijf of organisatie te vormen. Leiding geven is gewoon eerlijk communiceren en heldere doelen stellen, maar ook inspiratie en creativiteit te stimuleren.

In dit boek heb ik dan ook geprobeerd alle facetten die leiderschap vraagt aan de orde te stellen en voor iedereen die de onderwerpen en voorstellingen leest een juiste oplossing te bieden. Leiderschapskwaliteiten verschillen van persoon tot persoon en van mens tot mens. Persoonlijke benadering is dan ook de enige manier om leiderschap tot bloei te laten komen en de onderwerpen die ik heb behandeld dienen een perspectief te bieden om zich als leidinggevende optimaal te ontwikkelen.

Goed leiderschap is effectiever worden in communicatie, in vaardigheden in leiderschap en in interactie.

Ik vertrouw de inhoud dan ook gaarne toe aan zowel de jonge leiders en managers, maar ook de al wat oudere en de meer ervaren leiders en managers die op de hoogte willen zijn van de actuele ontwikkelingen die in het hedendaagse bedrijfsleven van toepassing zijn.

Peter Joh. M. Zuidweg is geboren in 1940 en was werkzaam in eerste klas hotels en restaurants en later actief als vakleerkracht horecaopleidingen te Haarlem en Amsterdam in de vakken 'houding- en omgangsvormen' ,'gastvrijheidskunde', 'dienstverlening' en 'praktische en theoretische serveerkunde'. Hij was vele jaren examinator bij diverse horecavakopleidingen en in zijn loopbaan heeft hij veel aandacht besteed aan vele omgangsvormen die in het nationale en internationale horecabedrijf voorkomen.

Wat aanleg, instelling en persoonlijke aanleg betreft, stelt elk handwerk onafwendbaar zijn eisen, ook die van het dienstverlenende en leidinggevende beroep. Een leidinggevende of manager kan daarom voor een bedrijf veel goed maken, maar ook veel bed erven.

Reeds eerder uitgegeven boeken van Peter Joh. M. Zuidweg:

Waarom is Uw kind hyperactief – Een Nederlandse kijk op hyperactiviteit
   (Uitgeverij Boekscout bv – Soest) ;
Het gezicht en wat het ons kan vertellen
   (Uitgeverij United pc – Neckenmarkt – Oostenrijk) ;
Drank, Drugs & Roken – En wat er aan kunnen doen

(Uitgeverij LuLu) Press Inc. ;
\# Gastvrijheidskunde – Gast – Gastvrijheid – Gastheerschap - Een nieuw uitdaging
(Uitgeverij LuLu Press Inc,) ;
\# De bijzondere maaltijden
(Uitgeverij LuLu Press Inc.) ;
\# Het menselijk lichaamsgedrag van A tot Z
(Uitgeverij LuLu Press Inc.) ;
\# Het Gelaat – Een ontdekkingsreis naar karakter en persoonlijkheid
(Uitgeverij LuLu Press Inc.) ;

www.ingramcontent.com/pod-product-compliance
Lightning Source LLC
Chambersburg PA
CBHW072246170526
45158CB00003BA/1019